PUBLICATIONS DE LA RÉUNION DES OFFICIERS

MÉLANGES MILITAIRES
LIII. LIV

HISTORIQUE

DES REMONTES

DEPUIS LES ROMAINS

SUIVI

D'UN PROJET D'ORGANISATION D'UNE LANDWEHR HIPPIQUE

PAR

L. L.

SOUS-INTENDANT MILITAIRE

PARIS

CH. TANERA, ÉDITEUR
LIBRAIRIE POUR L'ART MILITAIRE ET LES SCIENCES
Rue de Savoie, 6

1872

HISTORIQUE

DES REMONTES

DEPUIS LES ROMAINS

PUBLICATIONS DE LA RÉUNION DES OFFICIERS

I. — L'Armée anglaise en 1871, au point de vue de l'offensive et de la défensive. Brochure in-12. . . . . 25 c.

II. — Organisation de l'armée suédoise. — Projet de réforme. Brochure in-12. . . . . 25 c.

III-IV. — Mode d'attaque de l'infanterie prussienne dans la campagne de 1870-1871, par le duc GUILLAUME DE WURTEMBERG, traduit de l'allemand par M. CONCHARD-VERMEIL, lieutenant au 13e régiment provisoire d'infanterie. Brochure in-12. . . . . . . 50 c.

V. — De la Dynamite et de ses applications pendant le siége de Paris. Brochure in-12. . . . . 25 c.

VI. — Quelques idées sur le recrutement, par G. B. Broch. in-12. 25 c.

VII. — Etude sur les reconnaissances, par le commandant PIERRON. Brochure in-12. . . . . 25 c.

VIII-IX-X. — Etude théorique sur l'organisation d'un corps d'éclaireurs à cheval, par H. DE LA F. Brochure in-12 . . . 75 c.

XI-XII-XIII. — Etude sur la défense de l'Allemagne occidentale, et en particulier de l'Alsace-Lorraine. Traduit de l'allemand. Brochure in-12. . . . . 75 c.

XIV. — L'armée danoise. — Organisation. — Recrutement. — Effectif. Brochure in-12. . . . . 25 c.

XV-XVI-XVII. — Les places fortes du N.-E. de la France, et essai de défense de la nouvelle frontière. Brochure in-12. 75 c.

XVIII-XIX. — Considérations théoriques et expérimentales au sujet de la détermination du calibre dans les armes portatives, par J. L., capitaine d'artillerie. Brochure in-12 . . . . 50 c.

XX. — Des bibliothèques militaires, de l'établissement d'un catalogue et de la tenue des principaux registres. Brochure in-12. 25 c.

XXI-XXII-XXIII-XXIV. — L'artillerie au siége de Strasbourg en 1870. Notes recueillies par un officier de l'artillerie suisse, traduit de l'allemand par P. LANZILLIÈRE, capitaine d'artillerie. Brochure in-12 avec plan . . . . 1 fr.

XXV-XXVI. — L'artillerie de campagne des grandes puissances européennes et les canons rayés. Traduit de l'allemand par M. MÉERT, capitaine d'artillerie. Brochure in-12. . . . . . . 50 c.

XXVII. — Des canons et fusils à vapeur, par J. L., capitaine d'artillerie. Brochure in-12. . . . . 25 c.

XXVIII-XXIX. — La cavalerie de réserve sur le champ de bataille, d'après l'italien, par FOUCRIÈRE, sous-lieutenant au 81e régiment. Brochure in-12. . . . . 50 c.

XXX. — De la répartition de l'armée sur le territoire. Brochure in-12 . . . . 25 c.

HISTORIQUE

DES REMONTES

DEPUIS LES ROMAINS

SUIVI

D'UN PROJET D'ORGANISATION D'UNE LANDWEHR HIPPIQUE

PAR

L. L.

SOUS-INTENDANT MILITAIRE

PARIS

CH. TANERA, ÉDITEUR

LIBRAIRIE POUR L'ART MILITAIRE ET LES SCIENCES

Rue de Savoie, 6

1872

HISTORIQUE
DES REMONTES

DEPUIS LES ROMAINS

Lorsque Romulus forma la légion de trois mille hommes de pied, il y fit entrer trois cents cavaliers, pris parmi les principales familles patriciennes. Tullus Hostilius appela à Rome des cavaliers étrusques, auxquels il donnait une somme de dix mille as (environ 500 francs) pour se procurer un cheval, et deux mille as par an pour le nourrir. Un tribut fut prélevé sur les revenus annuels des veuves, des femmes non mariées et des orphelins mineurs, dans le but de pourvoir à cette dépense.

Servius avait décidé que le cheval serait fourni et entretenu par l'État ; mais ces dispositions ne restèrent pas longtemps en vigueur. Bientôt les citoyens qui jouissaient d'un certain revenu durent se monter à leurs frais, et le *cheval public* ne se donna qu'à ceux qui avaient rendu des services distingués. Deux fois par an, au 15 février et au 15 juillet, les censeurs passaient la revue des cavaliers, puis les faisaient défiler sous leurs yeux. Avant la revue, mais au 15 juillet seulement, chaque cavalier se présentait devant les censeurs, à pied et tenant son cheval par la figure, pour répondre aux accusations que l'on pouvait formuler contre lui. S'il se justifiait, le censeur lui disait : « *Traduc equum*, emmène ton cheval ; » mais s'il était reconnu coupable, le censeur le dégradait en lui disant : « *Vende equum*, défais-toi de ton cheval » (1). Quant à ceux qui avaient accompli dix années de service, ils recevaient leur congé.

Les premiers Romains avaient peu de cavalerie ; l'effectif des cavaliers ne dépassait pas le dixième de celui des gens de pied. Habitants d'un pays où les travaux de l'agriculture se faisaient par les bœufs seuls, ils manquaient naturellement de chevaux. Ils ignoraient même, dit-on, l'utilité et le véritable emploi du cheval à la guerre. Tout alla bien tant qu'ils n'eurent à combattre que les peuples d'Italie ; mais dans la lutte contre Carthage, Rome put se convaincre de la nécessité d'une bonne cavalerie ; et c'est en achetant les cavaliers gaulois, hériens et numides qu'elle put porter la guerre en Afrique et détruire la puissance des Carthaginois.

Quand Marius arriva au pouvoir, la cavalerie cessa de se recruter exclusivement dans l'ordre équestre ; elle se composa de citoyens levés en Italie ou ailleurs, mais toujours parmi les plus imposés, à cause de l'obligation qui leur était faite de venir à l'appel du recrutement équipés et montés à leurs frais.

A mesure de leurs conquêtes, les Romains obligèrent les peuples alliés et tributaires à leur fournir des cavaliers. La proportion était généralement du triple de la cavalerie romaine. Cette différence s'explique facilement par la nature et par les habitudes des populations. La Sicile, l'Espagne (2), la Numidie (3), la Thessalie, l'Asie, les Gaules furent pour la cavalerie romaine comme un vaste champ de remonte.

(1) Tite-Live, livre XXIX, chapitre xxxvii.

(2) L'Espagne ancienne était renommée pour ses chevaux, qui, du temps de Pline, étaient déjà recherchés à cause du liant de leurs allures, de l'harmonie de leurs mouvements et de leur aptitude au dressage. Ils savaient, paraît-il, fléchir le genou au commandement.

(3) Les Romains, qui, la première fois qu'ils avaient aperçu les cavaliers numides, s'étaient moqués de leurs chevaux, petits, maigres,

Chacune de ces provinces, taxée selon son importance, était tenue de fournir un certain nombre de chevaux. Après les dix années de lutte contre César, la population chevaline était tellement diminuée dans les Gaules, que le conquérant ne trouva plus à remonter sa cavalerie dans le pays. Peu de jours avant la célèbre bataille d'Alesia, César fut forcé de prendre les chevaux de ses chefs de cohortes, même ceux des chevaliers romains et des vétérans, pour remonter sa propre cavalerie, et de faire venir, en outre, 25,000 cavaliers germains, qui décidèrent la victoire en sa faveur.

Sous les empereurs, les *curiales* (1) réunissaient le nombre de chevaux imposé à chaque cité et les présentaient aux *stratores*. Ces derniers examinaient si les animaux remplissaient les conditions exigées d'âge, de taille, de vigueur, et procédaient à leur immatriculation dans l'armée.

Mais le despotisme avait tellement abaissé les caractères que tout était corruption dans l'administration romaine. A l'exemple des officiers recruteurs, les stratores commettaient des exactions nombreuses. Pour réprimer de si déplorables abus, Valentinien et Valens firent certaines prescriptions. Les stratores ne devaient recevoir, pour le droit d'examen, (*proba*), qu'un sol d'or (16 francs de notre monnaie). Une amende frappait ceux qui donnaient davantage, et une plus forte le tribunal qui négligeait de soumettre les contrevenants à la rigueur de la justice.

Au quatrième siècle de notre ère, la prestation en chevaux put être convertie en une somme d'argent, ainsi que cela se pratiquait pour le recrutement des hommes. Tout

osseux et nerveux, furent obligés bien vite de les préférer aux chevaux à formes majestueuses et pompeuses, à l'encolure massive et à la croupe charnue.

(1) Les curiales étaient chargés de recouvrer les différents tributs, et étaient solidairement responsables envers le trésor.

propriétaire tenu de fournir un, deux, trois chevaux, suivant l'étendue de ses terres, avait la faculté de payer par tête une somme qui varia de 17 à 53 sols d'or, plus 7 sols pour le harnachement et 2 sols pour l'officier chargé de diriger le dressage, soit de 416 à 512 francs environ. Avec cet argent, l'État se chargeait lui-même d'effectuer les achats, et il apportait naturellement beaucoup de soin dans le choix de ces chevaux. Aussi ce système, qui fut des plus pernicieux au recrutement des hommes, donna-t-il, au contraire, les meilleurs résultats pour le recrutement des chevaux. Le cours de cet historique nous amène dans les Gaules. Quand un guerrier mourait, on ensevelissait avec lui son cheval de bataille, pour qu'il pût le monter au jour du solennel réveil dans le cercle de félicité.

Strabon, le géographe, cite les Gaulois comme d'excellents cavaliers. César les avait appréciés, puisque dans ses campagnes il se faisait toujours accompagner d'un corps de 400 cavaliers gaulois (1).

Les cavaliers dominaient dans leurs armées, et ils tenaient le cheval ainsi que les *eperodicæ* (dresseurs) dans la plus haute estime. Ils immolaient le cheval au soleil, croyant ne pouvoir offrir à ce dieu un sang qui lui fût plus agréable, après celui des hommes.

Pline rapporte que les guerriers gaulois vivaient dans leurs terres pêle-mêle avec leurs chevaux, leurs cavales et leurs poulains, uniquement occupés et attentifs à multiplier de tels animaux.

Les Francs, au contraire, en quittant leurs forêts d'outre-Rhin, avaient très-peu de chevaux : la cavalerie figurait seulement comme escorte des chefs. Ceux-ci donnaient or-

______

(1) D'après Arrien, tous les termes de manége employés à Rome étaient d'origine gauloise.

dinairement à leurs compagnons des chevaux et des armes pour leur part du butin. Ce n'est qu'après leur établissement dans la Gaule que les Francs s'approprièrent, comme d'instinct, les habitudes équestres des Gaulois et des Romains, et qu'ils employèrent les chevaux dans les batailles.

Le cheval et ceux qui s'en occupaient étaient particulièrement protégés. Le meurtrier d'un *maréchal*, c'est-à-dire de celui qui gouvernait 12 chevaux dans la maison du chef de famille, payait le *wehrgeld* de 40 sols d'or. Celui qui avait monté un cheval ou une jument sans la permission du maître était mis à l'amende de 15 à 30 sols d'or ; et le vol du cheval de guerre, d'un cheval hongre, d'un cheval entier et de ses cavales, était puni des plus fortes peines.

Pendant les cinquième et sixième siècles, les moines, seuls chroniqueurs de cette époque, ne nous ont laissé que peu de documents concernant la matière. Néanmoins on retrouve çà et là les preuves de l'existence de grands haras qu'entretenaient les principaux possesseurs du sol, barons romains, Gaulois et Francs.

A partir du septième siècle, la cavalerie commence à prendre un ascendant décidé sur les gens de pied. Elle comptait pour moitié dans les armées de Charlemagne ; ce qui s'explique par la vaste étendue de l'empire, par l'éloignement des conquêtes, par la soudaineté des révoltes, qui exigeaient des courses rapides et une prompte répression. En ce temps-là, tout propriétaire de 12 mans (soit 185 hectares environ), qui était convoqué en l'ost (hostis) devait se pourvoir d'un cheval (1), comme de tout le reste.

Les chevaux étaient élevés à l'état demi sauvage : on la-

(1) Capitulaire de 807. Un capitulaire de Charles le Chauve, en date de 864, ordonna à tous ceux qui avaient des chevaux de se rendre à l'armée.

chait dans les forêts et les landes des étalons et des cavales, comme cela se fait de nos jours en Russie et dans le nouveau continent. Charlemagne possédait de grands haras parqués, dont il visitait lui-même avec soin les produits. On lit dans les *Capitulaires :* « Les intendants du domaine sont tenus d'amener au palais où Charlemagne se trouvera, le jour de la Saint-Martin d'hiver (1), tous les poulains, de quelque âge qu'ils soient, afin que l'empereur, après avoir entendu la messe, les passe en revue. »

La féodalité donna à la cavalerie une prédominance complète. Le cheval fut l'élément nécessaire, indispensable de la guerre, et les croisades contribuèrent beaucoup à le procurer. Le contexte de la plupart des chartes des abbayes montre que des chevaux leur étaient donnés, soit par des croisés au retour de la terre sainte, soit par de vieux chevaliers qui se faisaient moines, soit par des hommes du monde, pour le salut de leur âme et de celle de leurs proches. Au reste, possesseurs d'excellents domaines, riches de biens et vivant de peu, protégés par le sentiment religieux contre le pillage et les dévastations, les monastères du moyen âge réunissaient toutes les conditions nécessaires pour faire progresser les sciences agricoles, et spécialement l'élève du cheval.

L'époque féodale fut la plus belle époque du cheval en France. Cette époque embrasse les onzième, douzième et treizième siècles. L'émulation chevaleresque, les grandes propriétés, les vastes prairies, assuraient à notre pays une ressource aussi précieuse, et favorisaient singulièrement le développement des races. Il convient d'ajouter que la pro-

---

(1) Dès l'origine de la société franque, les chevaux furent placés sous le patronage de saint Martin et ceux qui s'en occupaient sous le patronage de saint Eloi.

duction avait des débouchés nombreux et certains, alors que tout le monde, depuis le simple hobereau jusqu'au grand seigneur, montait à cheval par suite de l'impossibilité de voyager autrement, et que l'équitation était pour une aristocratie guerrière une branche essentielle de l'éducation. En effet, on sait qu'alors la prérogrative de la noblesse était de combattre à cheval.

C'était une coutume touchante de l'époque de donner les invalides aux vieux chevaux qui avaient sauvé leur maître de quelque grand péril dans les batailles. On ne les montait plus, et ils restaient à l'écurie, portant au cou une *billette* où leurs services étaient mentionnés.

Un des *Etablissements* de Louis IX fait bien comprendre l'espèce de culte que le moyen âge rendit au cheval : le voleur d'un cheval était puni de la perte des yeux, comme indigne de voir le jour.

Le nombre des haras existants était très-considérable; non-seulement les rois, les grands barons, les riches abbayes possédaient des troupes de juments destinées à la reproduction, et tenues dans des pâturages enclos et gardés; mais encore chaque manoir avait son haras, où l'on élevait les chevaux propres aux différents services : le *destrier* (1), grand et fort, pour la bataille ou le tournoi; le *palefroi*, pour la route ou la parade; la *haquenée*, pour monter la châtelaine; l'*ambleur*, pour porter le chevalier blessé; le *roncin* (2), pour les manants et pour le tirage des *basternes* (3). Chaque ferme

(1) Destrier, de *dextra*, droite, parce que, dans la route, il était mené par l'écuyer, qui le tenait à sa droite. Le destrier était de haute taille, d'où cette expression figurée qui est passée dans la langue : « Monter sur ses grands chevaux. »

(2) C'étaient aux parageurs (c'est-à-dire les puînés, qui tenaient les fiefs de l'aîné) qu'incombait la charge de fournir les roncins ou chevaux de service.

(3) Les basternes étaient les chariots du temps, garnis et couverts de peaux.

comptait des juments dans son cheptel, et tout homme ayant terre possédait son maître berger, qui donnait des soins aux écuries, aux troupeaux et aux faucons. Aussi, quand on parcourt les polyptiques, voit-on que le cheval n'a jamais manqué dans notre pays durant cette période ; telle contrée, où l'on ne trouverait pas aujourd'hui un seul cheval, fournissait 4 ou 5 bannières, c'est-à-dire de 160 à 200 gens d'armes montés.

Les rois établirent des aides pour l'entretien des chevaux de bataille.

Afin de donner aux gens de guerre stipendiés le moyen d'avoir des chevaux à des prix convenables, Philippe le Hardi prescrivit, en 1279, à tous les chevaliers, nobles, bourgeois, ou même ecclésiastiques, possédant *fortune suffisante*, d'entretenir constamment, sous peine d'amende, au moins une jument poulinière ; et à tous les comtes, ducs, barons et autres personnes « qui ont pasture suffisante, » d'avoir toujours sur leurs terres un étalon et quatre poulinières. En raison de leur utilité pour la remonte des gens de guerre, ces animaux constituaient une propriété privilégiée, non saisissable pour dettes ni pour forfait de leur maître.

La plupart des hommages exprimaient la clause que le seigneur remboursera à ses vassaux le prix des chevaux qui périraient à la guerre ; c'était ce qu'on appelait *restaur de chevaux*. Dans un état des troupes qui furent envoyées en 1251 contre le comte de Bretagne, révolté, on voit que le roi remboursait le prix des chevaux qui périssaient ; un cheval de bataille était estimé de 8 à 10 livres ; un palefroi, de 4 à 6 ; un roncin, 40 sous.

Une lettre de Philippe le Bel au bailli d'Orléans, en date du 20 janvier 1303, ordonnait à tous ceux qui avaient cinq cents livres de revenu, en biens fonds, de fournir un gentil-

homme bien armé et bien monté d'un cheval de cinquante
livres tournois, bardé de fer.

Une mesure d'ordre financier autant que d'ordre militaire, et qui encourageait singulièrement la bonne production du cheval, c'étaient les *monstres* ou revues des gentilshommes. La négligence à se présenter avec des chevaux
bons et *puissants* entraînait la privation du fief. Mais du
jour où les compagnies d'ordonnance remplacent la gendarmerie feudataire commence la décadence de l'espèce
chevaline.

La dégénérescence est sensible après les guerres de reli-
gion, quand le morcellement des grandes propriétés s'oppose
à la réparation des pertes, et quand la noblesse quitte ses
manoirs pour la cour, où elle est attirée par Henri IV et par
la politique de Richelieu. Abandonnée à des fermiers sans connaissances et à de petits cultivateurs sans avances pécuniaires,
manquant de direction et privée d'encouragements, la fabrication du cheval devait fatalement décliner d'une façon rapide. Les gentilshommes, dégoûtés, commençaient déjà à
déserter les rangs de la cavalerie; et il faut voir là une nouvelle cause de cette sorte d'indifférence où tomba pour quelque temps l'élève chevaline.

Louis XIV fit revivre l'industrie chevaline : une cour
fastueuse, une maison militaire nombreuse, des fêtes continuelles, des carrousels brillants, tout contribua à remettre
le cheval en honneur. Colbert, regardant cette industrie
comme une source de prospérité pour la France, seconda
puissamment le roi, et l'institution des haras suppléa à l'action féodale, que la monarchie absolue avait absorbée. De cette
époque date l'intervention de l'État dans la reproduction du
cheval. Une ordonnance du 17 octobre 1665 prescrivit l'établissement d'un étalon royal, hollandais, danois, espagnol
ou barbe, dans chaque canton du royaume ; et plusieurs édits

complétèrent, les années suivantes, l'organisation des haras. Les haras étaient dirigés par des gardes-étalons, ou gardes-haras, et au-dessus d'eux par des commissaires inspecteurs, à qui étaient subordonnés des sous-inspecteurs et des visiteurs. Deux fois par an, les commissaires inspectaient les étalons de leur circonscription et se faisaient rendre compte de tout ce qui concernait le service. Colbert accordait des gratifications aux plus actifs et aux plus intelligents.

Toutefois le ministre du grand roi était, pour employer une expression moderne, trop bon économiste pour imposer à l'État les charges d'une grande administration. Il savait que si le gouvernement doit souvent venir en aide à l'industrie privée, la conseiller, la protéger, il ne peut jamais que la suppléer, et non la remplacer. Aussi, en même temps qu'il s'immisçait aux haras et qu'il formait une institution gouvernementale, Colbert stimulait les éleveurs en flattant tantôt leurs intérêts par l'augmentation des prix, tantôt leur amour-propre par des félicitations que le roi leur adressait à son instigation. Malheureusement tous ces soins furent perdus par vingt années de luttes continuelles; et, dans les deux dernières guerres du règne, on fut obligé d'acheter des chevaux à l'étranger pour une somme dépassant cent millions de francs, système fatal, qui mord toujours au cœur l'industrie chevaline. Les ressources étaient entièrement épuisées à la mort de Louis XIV; le conseil de régence se détermina, en 1717, à réorganiser les haras. Les règlements de cette année disposent que ce sont des marchands juifs qui fourniront des chevaux à la cavalerie : On centralisa les dépôts d'étalons, et le haras du Pin fut créé. Un autre haras, celui de Pompadour, est postérieur : il est dû à Choiseul. Ces deux établissements portaient le nom de haras royaux. Des dépôts secondaires, ou haras du royaume, furent établis dans les provinces. Le grand écuyer du roi avait la direction spéciale des haras royaux et la surintendance générale des dépôts de Normandie, du Limousin et d'Auvergne. Les haras étaient passés sous la direction des intendants de province lorsqu'éclata la Révolution, qui les supprima sous prétexte que le gouvernement exerçait un monopole préjudiciable à l'industrie privée.

A côté des haras royaux et des dépôts secondaires, il faut signaler les haras particuliers, surtout celui que le comte Maurice de Saxe possédait à Chambord, où il faisait d'excellents chevaux de troupes légères.

Les colonels avaient aussi, soit dans leurs domaines, soit dans les pays d'élève, ou bien encore dans les dépendances du quartier, des dépôts de jeunes chevaux pour pourvoir aux besoins de leur remonte. Entre tous ces dépôts, le plus célèbre est celui de Pierre Buffière, d'où les régiments *Royal-Condé* et *Berchini* tiraient leurs meilleurs chevaux.

Néanmoins une race de chevaux ne s'improvise pas, et l'on recourut encore plus d'une fois à la Hollande, à la Frise, à l'Allemagne, notamment pour les remontes de la grosse cavalerie. Maurice de Saxe donnait la préférence aux chevaux allemands.

Quand le ministre Choiseul réorganisa l'armée, après la guerre de Sept-Ans, il retira aux capitaines, avec la propriété, la remonte de leur compagnie, et la mit à la charge de l'État. L'armée, la cavalerie surtout, devint plus mobile, plus complétement à la disposition du pouvoir royal. Désormais un général put ordonner des manœuvres au galop sans craindre les réclamations des capitaines propriétaires, criant qu'on les ruinait en faisant crever les animaux. En 1785, l'administration de la guerre intervint directement dans le recrutement des chevaux, qui se fit au moyen de marchés de livraison passés avec un fournisseur pour des chevaux de trois à quatre ans, tirés d'Allemagne. Ce mode d'achat a duré jusqu'en 1790, où les régiments opérèrent eux-mêmes leurs acquisitions.

Le duc de Choiseul ne s'en tint pas là; il créa, et ce n'est pas le moindre de ses titres à la reconnaissance publique, la première école vétérinaire qui ait existé en Europe. L'école d'Alfort s'ouvrit le 1er janvier 1762, sous la direction de Bourgelat, qui tira la médecine vétérinaire de l'état d'empirisme où elle végétait depuis trop longtemps. Cette école ne tarda pas à se peupler d'élèves nationaux et étrangers. Dès 1768, chaque régiment de cavalerie devait envoyer un sujet suivre les cours; mais ce n'est qu'en 1774 qu'on se décida à accorder à ces élèves ou *apprentis maréchaux* une position légale, et encore bien modeste, en instituant dans les corps des emplois de *maréchaux experts*, qui leur furent confiés. Telle est l'origine de notre corps vétérinaire, qui depuis lors n'a pas cessé de s'élever par la double puissance des études et des services rendus. En 1794, les maréchaux experts prendront le titre d'*artistes vétérinaires;* en 1813, la dénomina- de *maréchaux vétérinaires;* enfin, en 1825, la qualification de *vétérinaires.*

Avant de quitter l'historique de la remonte sous l'ancien régime, faisons une réflexion qui nous paraît nécessaire.

On peut s'étonner que, dans ce chapitre, nous traitions à la fois la question des haras et celle des remontes proprement dites, et que nous semblions les confondre l'une avec l'autre. Cette confusion n'est qu'apparente. Sans nous prononcer sur le plus ou le moins d'opportunité de réunir les haras aux remontes, nous sommes affligés de ne pas voir le concours de tous les efforts et de toutes les volontés mis au service d'une cause commune, et nous ne pouvons nous empêcher d'exprimer l'opinion que l'armée, qui est aujourd'hui presque le seul *consommateur* des chevaux de selle, ne doit pas rester étrangère à l'administration qui *produit.* Ces deux raisons répondent suffisamment aux critiques, et nous avons la conscience de n'avoir point introduit dans notre sujet un élément qui lui fût étranger.

A l'époque de la Révolution, lorsque la France dut tenir tête à l'Europe entière, *croisée* pour ainsi dire contre elle, ce fut par des marchés généraux stipulant la livraison de chevaux allemands, mais surtout à l'aide des réquisitions forcées, que l'on put improviser la cavalerie.

De grands dépôts furent institués pour recevoir les chevaux de cette double provenance, et pour les diriger sur les régiments. Toutefois, ni le mode de livraison ni le mode de réception n'étaient fixés d'une manière uniforme.

Sous la République, les corps achetèrent eux-mêmes leurs chevaux, avec un fonds spécial, dit *masse de remonte*, proportionné, pour chaque arme, au prix d'achat des chevaux.

Les acquisitions étaient faites soit par des officiers, soit par les conseils d'administration. Cependant ce système engendrait des inconvénients et même de graves abus : c'était la concurrence que les régiments se faisaient entre eux, la spéculation des individus et des conseils, inconvénients et abus qui étaient devenus la conséquence du défaut de contrôle.

En 1806, l'Empereur n'autorisa plus que des marchés passés par l'État avec des fournisseurs (1), à l'exclusion de tout autre mode d'achat. Néanmoins et par suite des besoins, les régiments continuèrent à se remonter soit par des achats directs, soit dans de grands dépôts acheteurs placés sous la direction d'officiers généraux ou supérieurs dont l'expérience offrait le plus de garantie.

Il ne suffisait pas de réprimer les abus ; il fallait accroître

____

(1) Presque toutes les remontes que livrèrent ces fournisseurs étaient tirées d'Allemagne.

la population chevaline, épuisée par les réquisitions, et amé-
liorer les races. Napoléon le comprit. Il réorganisa l'administration des haras, surtout dans le but de créer des
ressources pour les remontes de l'armée (1). Le temps lui
manqua pour compléter l'œuvre préparée par Charlemagne,
plus tard inaugurée par Louis XIV, et pour obtenir d'elle
tous les résultats qu'il en attendait.

Vers la fin de l'Empire, on fut obligé de revenir encore
aux réquisitions (2), mesure extrême et qui sèche dans leur
germe toutes les espérances hippiques d'un pays, parce que
les réquisitions frappent sur tous les chevaux, jeunes ou
vieux, sans épargner même les étalons et les poulinières. Les
régiments étaient aussi autorisés à acheter des chevaux ;
l'administration en acquittait le prix.

A la Restauration, on s'adressa à une compagnie de marchands de chevaux. Mais les dures conditions que ces para-
sites posaient aux producteurs, menacés dans leurs revenus,
engagèrent ceux-ci à renoncer à l'industrie chevaline pour
se livrer à l'élève du gros bétail. Cette situation allait mettre
l'armée dans un grand embarras, lorsqu'on résolut de s'affran-
chir des services onéreux de ces industriels.

On ne pouvait atteindre le but que nous venons de signaler
qu'en offrant aux éleveurs un débouché certain et régulier.

Le maréchal Gouvion-Saint-Cyr le savait parfaitement.
En 1819, ce ministre fonda deux établissements, à Caen et à
Clermont-Ferrand, où les propriétaires et les éleveurs pou-
vaient conduire leurs chevaux et les vendre à l'État sans

---

(1) Notre administration des haras, qui a déjà servi de modèle à la
plupart des nations du Nord, sera certainement mise un jour à exécu-
tion chez tous les peuples, à mesure qu'une démocratie intelligente
nivellera, au profit des masses, les grands fiefs héréditaires.

(2) Après la retraite de Russie, il ne resta qu'environ 5,000 chevaux,
appartenant presque tous aux remontes de la Bretagne, des Ardennes
et de la Creuse.

2

intermédiaire. L'essai fut heureux, malgré les tentatives d'intimidation des marchands contre les vendeurs, tentatives qui, du reste, furent réprimées.

En 1826 le maréchal Soult établit le système des dépôts de remonte sur une assez vaste échelle pour satisfaire aux besoins de toute la cavalerie, et l'entoura de garanties qui devaient en assurer les plus féconds résultats.

Une ordonnance de 1831 rendit ce système définitif et en fit une branche spéciale du département de la guerre.

De nos jours, chaque puissance a adopté un système particulier de remonte, dépendant de sa situation financière, de sa configuration géographique et de ses ressources chevalines.

L'Angleterre a beaucoup de ressources et peu de cavalerie. Elle n'a donc pas d'établissements de remonte ; l'industrie privée lui suffit largement.

La Russie a de grandes ressources dans ses colonies militaires et dans ses steppes. Elle est riche en chevaux et en fourrages.

L'Autriche possède des haras militaires considérables. En 1820, ils ont fourni à la fois 30,000 chevaux. Néanmoins cette puissance achète des chevaux à l'étranger. Elle a un système de remonte mixte comprenant à la fois la production directe et les achats.

Il en est de même pour la Prusse.

En France, les *dépôts de remonte,* ou les *succursales* de ces dépôts, placés au centre des pays producteurs, achètent les chevaux qui se trouvent dans les conditions voulues pour la guerre. Ces chevaux restent dans ces établissements jusqu'à ce qu'ils aient achevé de se développer ou jusqu'à ce qu'ils soient habitués au régime de l'armée. Quand ces chevaux sont prêts pour le service, les dépôts les expédient aux corps de troupe.

Aujourd'hui, tel est le système normal des remontes françaises.

Il y a ensuite deux systèmes accessoires :

1° L'achat direct par les régiments, comme, par exemple, lorsqu'en temps de guerre, on veut utiliser les ressources des localités qu'on occupe ;

2° Les marchés généraux, dans les cas extrêmes de l'organisation de grandes armées et de l'insuffisance bien constatée des ressources indigènes (1).

· On n'emploie ces deux modes d'achat qu'exceptionnellement, en cas d'urgence.

La remonte fournit aussi des chevaux aux officiers et aux employés autorisés à être montés, à trois titres, savoir :

1° A titre gratuit;

2° A titre onéreux ;

3° A titre temporaire.

Des dispositions spéciales régissent la cession des chevaux à ces différents titres.

Avant de clore le chapitre de la remonte, nous avons à dire un mot sur l'organisation actuelle du personnel.

La tâche de l'officier de remonte ne se borne pas à choisir de bons chevaux et à les estimer un prix qui, tout en ménageant les deniers de l'Etat, rémunère suffisamment le producteur; elle consiste encore à donner des conseils aux éleveurs, à les initier aux saines doctrines des accouplements et de l'élevage, à établir la statistique chevaline, à entrer dans la composition des jurys agricoles : si le cheval de luxe est l'œuvre de l'administration des haras, le cheval de guerre doit être l'œuvre de l'officier de remonte.

-----

(1) En 1840, lors des prévisions de guerre, que les événements furent bien près de justifier, la France dut demander immédiatement 25,000 chevaux à des États voisins.

On le voit, les attributions dévolues à l'officier de remonte
sont des plus délicates, des plus difficiles à remplir et encore
des plus importantes. Elles exigent du tact, de l'intelligence,
un savoir réel, une moralité à toute épreuve, qualités que
la nature a départies à quelques-uns, mais non à tous.

Nous éprouvons le plus grand plaisir à dire tout haut que
les désignations faites par le ministre portent généralement
sur des sujets offrant les garanties nécessaires; mais alors
pourquoi laisser des officiers qui rendent des services d'un
ordre aussi majeur dans une position qui n'est favorable ni
à l'intérêt général ni à l'intérêt particulier. Une promotion
à un grade, un changement de garnison, et, puisqu'il faut
tout dire, quelquefois le caprice d'un député, font rentrer
l'officier à son corps. Ce déplacement n'est pas sans occa-
sionner des dépenses personnelles. D'autre part, la remonte
perd ainsi des hommes formés par l'expérience, familiarisés
avec les habitudes hippiques d'une contrée, possédant des
connaissances spéciales toujours longues à acquérir. Ce départ
amène une sorte d'hésitation chez les éleveurs, et cependant,
de toutes les branches de la science agricole, la fabrication
du cheval est celle qui exige le plus de suite, de persévé-
rance, d'observation. Pour ces motifs, nous demanderions
que le personnel fût constitué en corps spécial, à l'instar du
corps d'état-major ou de celui des administrateurs. Les can-
didats devraient suivre les opérations d'achat, pendant les-
quelles le président du comité leur poserait des questions
pour apprécier la manière dont ils jugent le cheval. Après
un stage d'une année, un jury, composé de l'inspecteur
général, du commandant de circonscription, du commandant
du dépôt, aurait à examiner l'étendue de leurs connaissances
hippologiques, à s'assurer de leur aptitude spéciale, et il
soumettrait sa décision au ministre. Un candidat pourrait
être admis à renouveler l'épreuve une seconde année, mais

pas davantage. Il va sans dire que le ministre conserverait entière son initiative pour faire rentrer à leur régiment les officiers qui, après avoir été admis dans le corps, donneraient quelque sujet de plainte.

Ainsi disparaîtraient les inconvénients qui sont inhérents à l'organisation actuelle.

PROJET D'ORGANISATION D'UNE LANDWEHR HIPPIQUE

La mise en dépôt, chez les cultivateurs, des chevaux, juments et mulets de trait de l'armée forme une sorte de *landwehr* hippique. Toutefois l'artillerie et le train des équipages profitent seuls de cette réserve, alors que la cavalerie en est entièrement dépourvue. C'est que le cheval de trait peut, il est vrai, passer directement de l'écurie du paysan dans les rangs de l'armée et y faire tant bien que mal son service, tandis que le cheval de selle a besoin d'être dressé, façonné, travaillé. Or, d'après le système futur de la conscription, la première réserve comprendra environ 35,000 cavaliers. Il arriverait alors que le jour d'une mobilisation on aurait des hommes parfaitement exercés et point de chevaux, du moins de chevaux de selle, à leur donner. Pourtant l'expérience a démontré que, quelles que soient la précision de l'arme, la perfection du harnachement, l'habileté de l'homme, si la monture est médiocre, le cavalier ne saurait être un élément d'une véritable cavalerie.

Créer une réserve de chevaux de selle est donc une mesure de sage prévoyance, à une époque surtout où les nouveaux modes de locomotion ont considérablement réduit l'usage des chevaux de monture. Mais comment organiser cette réserve? comment avoir toujours à sa disposition des chevaux formés, tenus en haleine? comment, par-dessus tout, arriver à réaliser les économies commandées par l'état difficile de nos finances ? La gendarmerie départementale, ce corps qui a déjà tant de droits à la reconnaissance publique, va nous aider à résoudre le problème, et méritera ainsi un titre nouveau au regard de notre organisation militaire.

La solde allouée à la gendarmerie est bien insuffisante, puisqu'elle n'est que de mille francs par an, et que, sur ses faibles revenus, le gendarme doit pourvoir à tous ses besoins d'habillement, d'équipement, de harnachement, de nourriture, et que, de plus, il est tenu de se procurer, à ses frais, le cheval avec lequel il fait son service. Nous serions d'avis qu'on remédiât à cet état de choses, non pas en augmentant la solde, ce qui occasionnerait une charge considérable au budget, mais en diminuant les dépenses qui incombent au gendarme.

L'achat du cheval constitue pour ce militaire une forte dépense, qui le tient toujours dans la gêne. Avec une première mise de 300 francs, le nouvel admis est obligé de subvenir aux frais de son habillement, de son équipement, de son harnachement et de l'achat d'un cheval. Comme conséquence forcée, la masse individuelle se trouve en débet d'environ 1,000 francs, débet que l'homme devra couvrir peu à peu au moyen d'une retenue de 20 francs par mois.

Quand le gendarme parvient enfin à atteindre le complet réglementaire, résultat si péniblement poursuivi, il s'aperçoit que sa monture, devenue vieille, demande à être remplacée. Il vend alors son cheval, en achète un autre, et le voilà encore une fois obligé de subir la retenue mensuelle pour compléter sa masse, attendu que l'indemnité qui lui est allouée en pareil cas n'atteint jamais la valeur du cheval. Ces faits montrent qu'il ne serait qu'équitable de décharger le gendarme de la dépense d'achat de son cheval, et de remonter la gendarmerie *à titre gratuit,* comme on le fait pour toutes les autres armes.

Le système de remonte actuellement en usage est motivé sur cette considération, que les gendarmes étant dispersés sur tout le territoire et pouvant, par cela même, échapper, dans une certaine mesure, à la surveillance de leurs chefs, il faut les intéresser pécuniairement à la conservation de leurs chevaux, pour éviter qu'ils ne les surmènent et ne les usent en peu de temps. Sans doute, il y a quelque chose de fondé dans cette considération, mais les précautions adoptées ont dépassé le but.

Nous avons déjà prouvé que la mesure est onéreuse pour le gendarme ; nous ajouterons qu'elle nuit au bien du service. En effet, le gendarme, propriétaire de son cheval, le ménage plus que de raison et le dorlote avec tant de sollicitude que ce précieux animal devient bientôt incapable de supporter les fatigues et les intempéries des saisons.

Le service, comme l'équité, tous deux déposent contre la remonte à *titre onéreux*. D'ailleurs, si la surveillance fait défaut, il est facile de suppléer son action en rendant le détenteur du cheval pécuniairement responsable des accidents qui pourraient être imputés à sa négligence ou à sa faute.

Au système de la remonte gratuite voudrait-on opposer la grosse dépense du rachat des chevaux aux gendarmes ? Il est aisé de faire tomber l'objection devant les chiffres.

Aujourd'hui chaque compagnie de gendarmerie possède, en moyenne, un avoir de 5,000 francs à la masse d'*entretien* et de *remonte;* de 11,000 francs à la masse de *secours*. Ces fonds, qui représentent des excédants de recettes, dépassent évidemment les besoins à satisfaire. On peut prélever 2,000 francs sur la première de ces masses, 9,000 sur la seconde, sans léser en rien les intérêts des hommes. Ces prélèvements procureraient une somme de 12,000 francs par compagnie ; soit, pour toute la gendarmerie, 1,032,000 francs, ou le cinquième environ de la dépense totale qu'occasionnera le rachat.

D'autre part, l'abonnement annuel destiné à alimenter la masse d'entretien et de remonte, et fixé à 24 francs par gendarme à cheval, devrait, par suite de notre mode de remonte, être réduit à 10 francs, taux pour le gendarme à pied, ce qui ferait une économie de 140,000 francs. Enfin l'abonnement de la masse de secours, qui est de 10 francs par homme, peut être réduit à 5 francs, ce qui donnerait encore une économie d'environ 100,000 fr.; en tout 240,000 fr. d'économie par année.

Ensuite, que l'on décide que la remonte gratuite ne sera appliquée que progressivement, au fur et à mesure des remplacements à opérer, et aucune considération budgétaire ne saurait entraver la marche de la mesure proposée. Après une période de huit années, le système serait en plein fonctionnement, et c'est précisément le laps de temps que réclame, pour donner des résultats utiles, l'application de la nouvelle loi sur le recrutement.

Après cette digression, qui était nécessaire, nous revenons à notre sujet.

Dans le but d'obtenir une réserve de chevaux de selle, nous proposerions d'agir pour les chevaux comme on agira pour les hommes. Ceux-ci resteront au service les années nécessaires pour faire leur éducation militaire ; après, ils passeront dans la réserve, où ils seront exercés de temps en temps. Qu'on suive une méthode analogue pour les chevaux. Indiquons l'économie générale de notre système :

Etant aujourd'hui acquis à la science de l'élevage, que le grain donne de la consistance aux tissus, de la richesse au sang, la remonte achèterait les chevaux à trois ans et demi (1), les

(1) Au temps de Rome, on dressait les chevaux dès l'âge de trois ans ;

engraisserait, ébaucherait leur éducation, et les garderait jusqu'après les gourmes. A quatre ans et demi, les corps les recevraient, les dresseraient, les exerceraient jusqu'à neuf ans. Arrivés à cet âge, les chevaux seraient remis à la gendarmerie.

La gendarmerie à cheval compte un effectif de 12,000 hommes; on aurait, par ce moyen, un nombre égal de chevaux aptes au service et constamment tenus en haleine.

Ne pouvant pas ignorer que les réformes intéressent à la fois l'armée et la production chevaline, pénétré de l'idée que désormais les chevaux dressés à la selle seront d'une grande valeur pour la guerre, le législateur ne voudra pas laisser vieillir indéfiniment les chevaux dans les rangs, et il devra prescrire les réformes annuelles jusqu'à concurrence du quart de l'effectif. Ces débouchés, sûrs et importants, donneraient certainement satisfaction à l'industrie chevaline; maintenant voici comment les intérêts du trésor peuvent être sauvegardés.

Les chevaux de réforme seraient distribués en deux catégories distinctes : l'une comprenant les chevaux reconnus absolument impropres au service ; l'autre, les chevaux jugés encore susceptibles de faire un service soit de paix, soit de guerre. Les premiers seraient vendus sans condition; les seconds cédés aux personnes qui en feraient la demande, à la charge de les tenir à la disposition du ministre de la guerre, et cela jusqu'à leur réforme définitive (1). Ils resteraient alors en toute propriété aux détenteurs. L'Etat obtiendrait ainsi, tant par la gendarmerie que chez les particuliers, un nombre de chevaux de selle permettant de satisfaire aux

chaque cheval avait son dressage particulier. « Les uns, dit Varron, sont propres pour la guerre, les autres pour les transports, ceux ci pour la route et ceux-là pour la course.

(1) Le cheval cédé par l'État à un particulier pourrait être rétrocédé à une autre personne, avec l'autorisation du commandant de la circonscription.

augmentations importantes qu'entraînerait la mobilisation ; de plus, ces animaux pourraient rentrer immédiatement dans les rangs : car un cheval qui a été monté pendant quatre ou cinq ans n'oublie jamais son dressage, et il suffit de quelques jours pour le remettre dans la main et dans les jambes. Il va sans dire que les volontaires d'un an dans la cavalerie seraient tenus de se procurer à leurs frais la monture avec laquelle ils feraient leur instruction ou leur service, ce qui procurerait encore un certain nombre de montures.

Pour compléter la mesure et hâter la mobilisation, il faudrait instituer des circonscriptions territoriales analogues à celles qui seront établies pour les réserves en hommes.

En peu de jours, on aurait les effectifs en chevaux complétés sur le pied de guerre.

D'autres États, de mœurs encore aristocratiques, ont établi la *conscription des chevaux*, dans le but d'obtenir le nombre d'animaux qui leur seraient nécessaires le jour de la mobilisation. Tous les chevaux, lorsqu'ils ont atteint l'âge de quatre ans, sont examinés par une commission ambulatoire qui fixe le prix qu'il y aurait lieu de donner au propriétaire pour le cas où l'on viendrait à le déposséder de son cheval. La somme lui est payée immédiatement après la livraison de l'animal. Cette mesure peut donner de bons résultats ailleurs, mais il est hors de doute que chez nous, où malheureusement l'intérêt personnel se place au-dessus de l'intérêt public, où le dieu du commerce passe avant le dieu de la guerre, la menace toujours pendante d'une pareille expropriation pousserait les producteurs à se livrer à l'élève bovine. D'ailleurs, dans notre pays, l'équitation se trouve délaissée, et les chevaux qu'on prendrait ainsi la veille de la guerre, auraient besoin d'un dressage, d'un apprentissage préalable avant d'entrer en campagne.

La conscription des chevaux qui, en fait, n'est qu'une sorte de réquisition forcée, n'atteindrait donc point le but comme notre réserve.

Au regard de la question des remontes, apparaît l'organisation des transports auxiliaires de l'armée.

Suivant le mode mis en pratique jusqu'à ce jour, l'administration militaire traite avec des entrepreneurs civils, moyennant une somme fixée par voiture et par jour (1), ou bien, elle réquisitionne chevaux et voitures. Dans le premier cas, l'Etat paye trop cher; dans le second, il paye le même prix et est mal servi.

Voilà deux inconvénients majeurs que nous nous proposons de faire disparaître.

Le principe de la conscription obligatoire pour tous étant admis, on doit, on peut le pousser aux extrêmes limites de la logique. Si chaque Français doit son sang à l'Etat, chaque commune lui doit son argent. Nous voudrions donc que chaque commune concourût aux charges de la défense, de telle sorte que, réparties à l'infini entre les 36,000 communes de France, les charges devinssent si minimes qu'on n'en sentît plus le poids. Pour l'application de cette disposition, chaque commune, selon sa population ou ses ressources, serait tenue de fournir un nombre déterminé de chevaux et de voitures. Toutefois il y aurait des cas où il faudrait réunir plusieurs communes pour leur faire supporter cette dépense. L'argent ainsi employé ne serait pas de l'argent improductif: le cheval pourrait servir à amener promptement les pompes sur le lieu de l'incendie, à faire les charrois municipaux; la voiture transporterait un blessé ou un malade, ou encore viendrait en aide à un laboureur pauvre. La mesure ne saurait être vue que d'un bon œil par le paysan, qu'elle

____

(1) Durant la dernière campagne, on payait 4 francs par jour et par voiture à deux colliers; de plus, on nourrissait hommes et chevaux.

préserverait du fléau de la réquisition ; ajoutons qu'elle donnerait l'avantage d'assurer la concentration rapide des transports. En effet, sur l'ordre télégraphique de mobilisation, la voiture de la commune serait amenée par un homme du second ban, classé dans le train, au canton. Là, un brigadier du train, appartenant aussi au second ban, conduirait les voitures de tout le canton au chef-lieu du département. Un officier de la réserve les classerait par brigades et par sections de 50 voitures, et se dirigerait sur le quartier général correspondant à la circonscription territoriale. En moins de huit jours, on aurait ainsi, organisés et prêts à suivre les troupes, les transports auxiliaires de toute l'armée.

Les communes recevraient, pour la location, 2 francs par jour et par cheval ; si les animaux ou les voitures n'étaient pas rendus à la fin de la guerre, l'État en rembourserait le montant d'après un prix d'estimation qui serait fixé par un jury dans lequel seraient représentés les trois intérêts, de la commune, de la guerre et de l'État ; il en serait de même dans les cas de dépréciation ou de détérioration.

Non-seulement la mesure est favorable aux populations agricoles, avantageuse pour la concentration rapide des transports, mais encore elle serait économique pour le trésor.

Un corps d'armée de 100,000 hommes, approvisionné à sept jours de vivres, ce qui est le minimum nécessaire en campagne, emploie 1,600 voitures à deux chevaux, à raison de huit quintaux par collier.

Or, d'après les prix payés par l'État, ce convoi coûte :

Location de 1,600 voitures à 14 fr. par jour.	22,400 fr.	» c.
Nourriture de 1,600 conducteurs à environ		
1 fr. 25 c. par jour	2,000	»
A reporter.	24,400 fr.	» c.

Report.	24,400 fr.	» c.
Nourriture de 3,200 chevaux, à environ 2 fr. par jour	6,400	»
Nourriture des préposés chargés de la surveillance.	86	25
Nourriture de leurs chevaux.	74	»
Total par jour.	30,960	25

Soit pour un mois, 928,807 fr. 50 c.

Suivant notre projet, le même convoi coûterait :

Location de 1,600 voitures, à raison de 2 fr. par collier.	6,400	»
Nourriture de 1,600 conducteurs	2,000	»
Nourriture de 3,200 chevaux	6,400	»
Nourriture des préposés.	86	25
Nourriture de leurs chevaux.	74	»
Total par jour.	14,960	25

Soit pour un mois 448,807 fr. 50 c.

On voit que l'économie réalisée est de 480,000 fr. pour 100,000 hommes et par mois, économie qui se chiffrera par des millions avec l'effectif des armées nouvelles.

Ici se termine l'exposé de notre projet.

Dans l'étude que nous en avons faite, notre préoccupation constante a été de mettre nos idées en harmonie avec les grands principes qui doivent dominer la réorganisation de notre état militaire, savoir : *égalité dans les charges, simplicité dans l'organisation, rapidité dans les services, économie dans les finances.*

PUBLICATIONS DE LA RÉUNION DES OFFICIERS

En vente à la librairie militaire de Ch. TANERA,
6, rue de Savoie, à Paris.

I. — L'armée anglaise en 1871, au point de vue de l'offensive et de la défensive. Brochure in-12. 25 cent.

II. — Organisation de l'armée suédoise. — Projet de réforme. Brochure in-12. . . . . 25 cent.

III-IV. — Mode d'attaque de l'infanterie prussienne dans la campagne de 1870-1871, par le duc Guillaume de Wurtemberg, traduit de l'allemand par M. Conchard-Vermeil, lieutenant au 13ᵉ régiment provisoire d'infanterie. Brochure in-12. . . . . 50 cent.

V. — De la Dynamite et de ses applications pendant le siége de Paris. Brochure in-12 . . . . 25 cent.

VI. — Quelques idées sur le recrutement, par G. B. Brochure in-12. . . . . 25 cent.

VII. — Étude sur les Reconnaissances, par le commandant Pierron. — Brochure in-12 . . . . 25 cent.

VIII-IX-X. — Étude théorique sur l'organisation d'un corps d'éclaireurs à cheval, par H. de la F. Brochure in-12 . . . . 75 cent.

XI-XII-XIII. — Etude sur la défense de l'Allemagne occidentale, et en particulier de l'Alsace-Lorraine. Traduit de l'allemand. Brochure in-12 . . . . 75 cent.

XIV. — L'armée danoise. — Organisation. — Recrutement. — Instruction. — Effectif. — Broch. in-12. 25 cent.

XV-XVI-XVII. — Les places fortes du N.-E. de la France, et essai de défense de la nouvelle frontière. Brochure in-12. . . . . 75 cent.

XVIII-XIX. — Considérations théoriques et expérimentales au sujet de la détermination du calibre dans les armes portatives, par J. L., capitaine d'artillerie. Brochure in-12 . . . . 50 cent.

XX. — Des bibliothèques militaires, de l'établissement d'un catalogue et de la tenue des principaux registres. Brochure in-12. . . . . 25 cent.

768 — Imp. H. Carion, rue Bonaparte, 61.

9 782019 134228